Vorwort

Was bewegt einen Menschen?

Über was denkt er nach?

Zu welchen gedanklichen Ergüssen ist er fähig, bzw. in welchem Rahmen hält er sie für notwendig?

Menschen kommen immer wieder in Situationen und emotionale Zustände, die sie zu kreativen Handlungen geradezu zwingen. Als wahrhafte Schwämme für kreative Ausbrüche haben sich die Intelektuellen unserer Zeit erwiesen, die in sich jeweils einen Schmelztiegel an malerischer, gedanklicher und poetischer Juwelen vereinen.

Ob man nun einen Goethe Schiller oder Euklid aus vergangenen Tagen, oder einen Hawking oder Yeats dieser Tage wählt, alle haben gemein, dass die meisten ihrer Ideen und Vorstellungen schon veröffentlicht und bekannt sind. Um neues und erfrischendes aus dem nie endenden Pool des menschlichen Intellektes zu ernten muss man sich daher an der noch unbekannten Elite kommender Jahre vergreifen.

Und wo findet man diese elitäre Schicht?

Ganz einfach, an den Universitäten dieser Welt. Hier findet man ein riesengroßes Sammelbecken an kulturell, emotional und intellektuell stark variierenden Individuen. Diese brodelnde Masse an Ideen und Feuereifer lechzt wortwörtlich nach einem Ventil um für die Nachwelt festgehalten zu werden.

Dieses Ventil haben die kreativen Köpfe in den Tischen der Hörsäle der Universitäten gefunden. Hier verewigen und verewigten sich tausende junger, noch formbarer, oder schon ausgeformter Männer und Frauen, die das Bedürfnis hatten ihre Gedanken und Gefühle mit Ihrer Nachwelt zu teilen.

So entstand eine wahre Enzyklopädie an malerischen gedanklichen und poetischen Kunstwerken, die Jahrzehntelang nur darauf wartete abgeerntet zu werden.

Uns als jungen Studenten fiel binnen kurzer Zeit zum einen der gewandte Wortwitz und teilweise erstaunlich korrekte Pinselstrich auf, zum anderen die unglaubliche Masse an literarischem und poetischem Potential , das nur darauf wartet einer breiten Öffentlichkeit zugängig gemacht zu werden, welches uns zu diesem Buch inspirierte.

Und so möchten wir schließen mit einem kleinen Poem, dass für uns das Topping dieses Werkes darstellt:

„ Die Kuh fliegt hoch!

Die Kuh fliegt weit!

Warum auch nicht?

Sie hat doch Zeit ! "……………..

Mythen und Rätsel oder die wundersame Karriere des schwarzen Ritters

Mythen und Rätsel sind das Salz in der Suppe des Lebens für jeden Menschen. Sie regen unsere Phantasie an und bescheren uns Elan und Antrieb für viele Ideen und deren Umsetzung!

Sie liefern uns Vorbilder und Leitfiguren nach denen wir uns richten können und denen wir nacheifern wollen.

Besser als es Polizei und Richter jemals könnten zeigen uns unsere Helden und Antipathen welche Taten und Worte für uns und die Gesellschaft von Vorteil und von Nachteil sind.

Nun ist es allerdings so, dass es wenige bis gar keine Helden gibt, die ihren Ursprung in der Studentenschaft sehen, genauso wenig, wie es Rätsel gibt, die sich lange genug unter den geschwätzigen Studenten halten um einen Mystizistischen Background zu erarbeiten.

Also müssen die Studenten selbst für ihre Mythen und Helden sorgen.

So findet auf den Tischen in der Ruhr Universität zu Bochum immer und immer wieder die Person des schwarzen Ritters Erwähnung. Trotz seiner mehr als tausendfachen Erwähnung kann keiner genau sagen, wer oder was der schwarze Ritter wirklich ist, bzw. ob es ihn tatsächlich gibt oder jemals gegeben hat.

Beinahe jeder Student in Bochum hat sich schon Gedanken darüber gemacht wer der schwarze Ritter tatsächlich ist und zu was er im Stande ist. Da sich die einzelnen Studenten jeweils ihr eigenes Idealbild eines Helden in Form des schwarzen Ritters erdenken, werden ihm mittlerweile alle möglichen heroischen Fähigkeiten zugeschrieben mit denen er gerne seine glorfizierte Burst schmückt.

Die allgemein verbreitetste Meinung über den schwarzen Ritter fast die Fähigkeiten des schwarze Ritters kurz und prägnant, aber treffend zusammen. So findet man auf beinahe jeden dritten Tisch der Universität den Satz:

„Der schwarze Ritter ist unbesiegbar!"

Es gibt einige Ansätze zu erklären, wie dieser Mythos entstanden ist und worauf er basiert . Zum Beispiel vermuten einige eine Adaption auf den legendären Monty Python Film „ Die Ritter der Kokosnuss ", in der die Figur des Schwarzen Ritters auftritt und von sich selbst behauptet unbesiegbar zu sein.

Allerdings stellt sich dieser Ritter im Laufe des Filmes als arrogant, überheblich und unfähig heraus, so dass man doch an einer Heroisierung einer solchen Figur berechtigte Zweifel erheben dürfte.

Wir können also nicht genau bestimmen, wo diese Legende wurzelt.

Sollte einer der Leser über bessere Informationsquellen verfügen, oder eine andere Theorie unterstützen, sind wir für Aufklärung diesbezüglich sehr dankbar……

- Judas Ben Hur scheißt auf den schwarzen Ritter

- Der schwarze Ritter weiß alles, sieht alles und kann alles

- Norris schläft nicht, er wartet...

- Der schwarze Ritter ist politisch inkorrekt

Die Liebe – Ein Segen? Ein Fluch!!

Die Liebe füllt unser Leben!

Ein Großteil der Studenten wird später einmal mit Frau und Kindern den Lebensabend verbringen. Der Weg zu diesem Ziel ist allerdings in den seltensten Fällen der direkte.

Es ist ganz natürlich, dass man durch das „try an error" Verfahren mehrere potentielle Partner „ausprobiert" um zu selektieren welcher Typ Mensch am besten zu einem passt.

Selbstverständlich hat sich die Zahl der unter „ Error" zu verbuchenden Versuche massiv erhoeht seit dem das Prinzip der freie Liebe, beginnend mit schlammbespritzen Orgien der 70er Jahre über die Kultivierung des Schlampentums der 80er Jahre, bis hin zu den öffentlichen Pornodrehs am Rande der Loveparade in den 90er Jahren, gesellschaftsfähig geworden ist.

Außerdem hat sich neben den beiden Kategorien „Try" und „Error" noch eine dritte Kategorie herausgebildet. Die Kategorie trägt den Namen „fun". Jedoch wird diese Kategorie oftmals nicht von beiden Beteiligten der

Versuche gewählt so dass diese Kategorie zwangslaeufig fuer den Anderen Part als Error zu verbuchen ist.

Die Kategorie Fun wird verhältnismäßig oft durch die männlichen Teilnehmer unserer Gesellschaft definiert.

Durch diese Verhaltensmuster wird das studentische Leben massiv beeinträchtigt. Studenten befinden sich typischerweise in der Blüte ihres Lebens und auf dem Höhepunkt ihrer sexuellen Schaffenskraft. Zusätzlich sind sie tagtäglich umgeben von tausenden potentieller Sexualpartner, die sich die jeweiligen Studenten fast schon profilähnlich aussuchen und sortieren können.

Eine grobe Interessenbeschreibung kann sich jeder aus den gewählten Studienfächern des potentiellen Opfers und dessen Auftreten in der Öffentlichkeit herleiten.

Aus dieser emotionalen Optimalsituation entstehen dann natürlich auch stark gehäuft studentische Partnerschaften, mit allem was dazu gehört. Daher finden wir auf den Tischender Universität häufig Kommentare zu allen Phasen der Partnerschaft, von interessierten Sympathiebekundungen, über erste verliebte Ansätze mit Bezug auf den Namen des jeweiligen Partners, bis hin zu Bekundungen ewiger Liebe, die auch nicht selten nach einiger Zeit durchgestrichen und unkenntlich gemacht wurden, oder, bei pragmatischen Studenten , einfach mit neuen Namen übermalt wurden.

Gern und häufig findet man auch die dunkle Seite der Emotionsmedaille.

Hier tauchen Informationen über Liebskummer auf, basierend auf, basierend auf Ablehung oder nicht Erwiederung der gestellten Avancen , oder auch konkrete Antipathiebekundungen, bis hin zu Versicherung die betreffende Person zu hassen, zu verachten, seine Familie zu verfluchen und ihm am liebsten der Kopf Abzuhacken und den Hals voll zu kacken (O-Ton einer Studentin – Anmerkung der Redaktion)

In wie fern man diese emotionsgeladenen Aussagen für voll nehmen oder auf die Goldwaage legen sollte sei in unserer heutigen schnelllebigen Zeit dahingestellt.

Es gibt wenige Studenten, die sich in ihrem Dasein nur auf einen Partner festlegen, ähnlich viele, wie hemdsärmlige Strickpulloverträger mit Hornbrille, die ihre Idealfrau in Person ihrer Mutter schon seit langer Zeit gefunden hat. Der normale Student wechselt seine Partner innerhalb seiner Zunft während der Studienzeit mehrfach, nur um nach Beendigung des Studiums dann eine Friseurin zu ehelichen.

Wenn Beziehungen zwischen Studenten die Studienzeit überdauern, sind sie häufig geprägt von Verständnis beider Partner füreinander insbesondere für zeitliche und räumliche Missstände.

Sie können also zu den glücklichsten Beziehungen werden, die man sich vorstellen kann.

Abschließend lässt sich sagen, das das Liebesleben eines Studenten, ob von der konstanten oder flexiblen Sorten, stets interessant und in den meisten Fällen gesund und intakt ist und es sich daher lohnt darüber zu schreiben und davon zu lesen…….

- Männer sind Schweine – heute schon Schwein gehabt?

- Tittenfick antäuschen und auf`n Bauch kacken

- Wer will Ficken? Vorraussetzung: soll geil sein!

- Fuck is nice fuck is funny many people fuck for money if you don't want to be all horny fuck yourself and save the money

- Suche netten Jura Studenten mind. 3 Semester zum ausnutzen. Wir hätten Gerne Klausuren und Nachhilfe. Tauschen gegen Naturalien: Blond 90-60-90 . Um Antwort wird gebeten

- Matrosen sind bessere Liebhaber (weiße Bescheid Schätzelein …..)

- **Willst Du mit Mir gehen ? Ja Nein Vielleicht**

- **Eins ist Fakt gefickt wird nackt**

Fußball – Eine Religion

Des Deutschen Liebstes Kind ist und wird wohl auf ewig der Fußball bleiben.

Dieser emotionsgeladene Sport steht fällt und lebt mit , von und durch seine Fans. Da dieses Verhältnis beiderseits besteht hat die Fankulktur mittlerweile erstaunliche Ausmaße angenommen.

Zimmer werden dekoriert, man schläft in vereinstreuer Bettwäsche und nicht selten entspricht die Lackierung des Vehikels nicht ganz zufällig der Farbkombination die Woche für Woche auf den Brüsten der Ligahelden prangt.

Es geht mittlerweile so weit, dass im Gelsenkirchener Standesamt vermehrt die Namensgebung auf den Verein angepasst erfragt wird. So wird er nur eine Frage der Zeit sein, bis dem ersten
„Kevin Schalke Koslowski"

die blau weißen Windeln vollgeschissener Weise gewechselt werden.

Diese massive Fankultur zieht sich durch alle sozialen Schichten und begeistert gleichermaßen Straßenkehrer wie Atomphysiker. Daher macht sie natürlich auch vor der in diesem Buch beleuchteten Zielgruppe , den Studenten, nicht halt.

Abgebildet wird diese Leidenschaft, wie sollte es auch anders sein auf den Tischen der Universitäten. Hier prangen immer wieder Vereinslogos, Anfeuerungsrufe und , zumeist dick unterstrichen und bunt verziert, die Ergebnisse wichtiger Spiele.

Im Gegenzug findet man auch immer wieder Schmährufe und Beleidigungen, sowie diskreditierende Zeichnungen. Diese Ausdrücke de Antipathie verlieren mit steigender Intensität massiv an Niveau, tragen aber massiv zur Steigerung des Erheiterungsfaktors bei.

Vergleichbar zeigt sich dieses mit einem Lesezirkel, dessen Mitglieder im Verlaufe von 2 bis 3 Fläschchen Eierlikör in Ihren Themen von den prächtigen Alliterationen der Werke Tolstois zu der furchtbaren Frisur der Nachbarin und schlussendlich hin zur letzten Schönheitsoperation einer Viktoria Beckham abschweifen.

So verändern sich die Diskussionen der sportbegeisterten Studentenschaft im Verlaufe eines Kästchens herrlich herbem Fiege Pils – oh ja meine liebe Leserschaft auch in der Uni und insbesondere während so mancher, nicht wirklich stimulierender Vorlesung – von den zu sehr transzendenten Taktikspielchen der

Trainer bis hin zu einem kaum noch deutlich artikulierten „Schalalalalalalala !" möglichst laut und stehend mit hochgereckten Händen, ohne auf die verzweifelten Einwände des Dozenten einzugehen, gefolgt von einem nicht weniger lauten und durch rythmisches Klatschen begleiteten „Unten auf dem Rasen! Steht Ihr für unsre Farbe! Auf geht's VFL Bochum! SCHIESST EIN TOOOOOOOOR!"

Diese Live Tätigkeiten können für die Nachwelt leider nur schriftlich festgehalten werden, so dass wir uns in diesem Buch vornehmlich mit den Abbildungen und Niederschriften auf den Tischen der Universität begnügen müssen.

Die Ruhr Universität zu Bochum befindet sich, wie der Name schon andeutet im Ruhrgebiet, einem Fußballballungsraum. In diesem Ballungsraum drängeln sich diverse große Vereine, wie z.B. der BVB 09 aus Dortmund und der FC Schalke 04 aus Gelsenkirchen.

Neben diversen kleinen Vereinen, die nur noch vereinzelt Aufmerksamkeit auf sich ziehen, sollte definitiv noch der VFL Bochum, die graue Maus, Beachtung finden, der natürlich in seiner Heimatstadt schon auf Grund des Lokalpatriotismus zu den Favoriten zählt und auch in einem Großteil der Beiträge thematisch behandelt wird.

Es zeigt sich also ein immenser Fundus an Fußballbeiträgen, der abgeschöpft werden will. Da wir hier nun ein Buch über das studentische Leben und die Climax Punkte des selben schreiben, wollen und könnten wir nur Ausschnitte des universitären Fußballfundus aufzeigen.

Wir bitten daher um Verständnis dafür, da wir keinen Verein zu wenig oder zu negativ dargestellt sehen möchten, dass wir auf eine Aufzählung der zahllosen Anfeuerungs und Anfeindungs rufe hier verzichten.

In diesem Sinne :

Tief im Westen

Wo die Sonne verstaubt……

Poesie – Ein Seelenspiegel

Wenn Menschen Dinge erleben, Gefühle fühlen, Schmerzen empfinden, lachen, weinen; immer dann, wenn sie erlebtes verarbeite, versuchen sie dieses in Gesprächen mit anderen zu teilen, zu zerlegen und damit zu prahlen.

Nun gibt es Situationen, deren groteske Ausgestalltung quasi verbietet in Gesprächen Ausdruck zu finden.

Außerdem verliert der durchschnittliche Student oftmals die Lust am Diskutieren, wenn seine Meinungen und Absichten von seinen Nebenmännern und –frauen nicht geteilt werden, so dass er beginnt sich für ihren Ausdruck zu schämen und Diskussionen, die seine Gefühle sezierend auseinandernehmen, zu meiden.

Für solche Situationen findet der Student wieder ein offenes Ohr in Form der Tische, auf denen er seine Meinung und Ansichten kund tun kann und sie anderen Interessierten darlegen kann, ohne direkte, evtl. kritisierende Antworten befürchten zu müssen.

Oftmals bilden sich auch in durchzechten Nächten in den Köpfen so manches wissenschaftlich orientierten Studenten Gebiete in ihren Hirnen aus, die in ihren akademischen Alltag eher vernachlässigt werden.

So entdeckt so mancher Physikstudent seine Ader für die Lyrik oder der ein oder andere Maschienenbauer beginnt sich gezielt in Jambusform auszudrücken.

Poesie ist eine Kunst seine Gedanken auf manchmal recht skurrile Weise in nicht für jeden verständlicher Reimform auszudrücken. Meist werden in diesen Versen die Themen nicht direkt angesprochen , sondern, teilweise dem Alkohol geschuldet, hinter Themen Bildern und Geschichten verborgen.

So entstehen oft lustige Gedichte, die einen ernsten Hintergrund haben.

Fast genauso häufig hat jedoch der humoristische Aspekt keinen Camouflagecharakter, sondern entspringt eher dem Weingeist bzw. der Phantasie eines diesem nicht abgeneigten Studenten.

So kann man heutzutage die Werke eines potentiellen Nachfolgers von Friedrich Schiller genauso auf den Tischen ablesen wie die Werke von potentiellen Nachfolgern von Harald Juhnke oder Axl Rose.

Wir waren immer wieder erstaunt mit welcher Zungenfertigkeit diese Zeilen erdacht wurden und mit welch trockenem Humor die Autoren ihre Werke zum glänzen bringen.

Davon kann sich so manch ein Denker heutiger Tage eine recht große Scheibe abschneiden. Unzählige Studenten wurden schon durch die poetischen Ergüsse inspiriert, belustigt oder auch nur wach gehalten. Sie sind eine herrliche Ablenkung wenn die Studentin am Nebentisch mal wieder ein Miniminiminirock trägt und der Gott der klebrigen Holzlackierung dafür sorgt dass durch die normale Bequemlichkeitsbewegung sichtbar wird das selbige Studentin gern mal auf Unterwäsche verzichtet, während auf der anderen Seite die eigene Freundin mit Argusaugen über jede deiner Bewegungen wacht.

Man kann sie auch sehr gut als Lot nutzen um sich währen einer Klausur, die die Nerven zum vibrieren bringt neu einzuordnen und zu beruhigen. Da das ein oder andere mal auch schon alt bekannte Gedichte wieder aufgegriffen, zitiert oder adaptiert werden, kann man diese Form der gesellschaftlichen Poesietauschbörse auch Traditionelle Züge zugestehen.

Die studentische Poesievielfalt ist so interessant, dass man aufpassen muss nicht zu viel im Vorhinein dazu zu sagen. Daher sollte es jetzt meiner Worte genug sein und der Leser dazu üebergehen den Gedichten und Versen die Bühne zu überlassen.

- **Willst gepflegt die Straße rocken, nimm die Hose aus den Socken**

- **Rote Haare reiß ich aus und mach einen Besen draus**

- Warum haben Blondinen eine Gehirnzelle mehr als Kühe? – Damit sie nicht Muhen wenn man an Ihre Euter fasst – damit sie nicht aus dem Eimer saufen Wenn Sie putzen

- Wenn ich Deinen Hals berühr, deinen Mund zu meinem führ, oh wie sehn Ich mich nach Dir heiß geliebte Flasche Bier

- Es lebe die Liebe, der Wein und der Suff, der tägliche Beischlaf der Papst Und der Puff. In diesem Sinne ab inne Rinne

- **Mir ist scheißegal wer dein Vater ist, solange ich hier angel geht hier keiner übers Wasser**

- **Das Leben ist ein Hund! Heut fühlst du Dich noch kerngesund. Doch Morgen kommt der Krebsbefund. Das Leben ist ein Hund. Mal schwarz mal weiß mal kunterbunt**

- **Ich bin nicht auf der Welt um zu sein wie andere mich haben wollen**

- **Wer andern eine Grube gräbt ist Bauarbeiter**

- **Lieber an den Titten nippeln als zu Fuß nach Witten tippeln**

- **Schlechte Freunde Harte Drogen bin ganz unten ungelogen**

- Meister Propper geht aufs Klo steckt den Finger in den Po steckt den Finger in den Mund Schokolade ist gesund

- Ich denke also bin ich... manche sind trotzdem!

- Am Morgen nen Korn und der Tag ist geborn. Am Morgen ne Line und der Tag wird fein. Am morgen nen Teil und der Tag wird geil. Haste Haschisch inne Taschen haste immer was zu naschen.

- Terror ist der Krieg der Armen und Krieg ist der Terror der Reichen

- **Wer andren eine Bratwurst brät hat ein Bratwurstbratgerät**

- **Stell Dir vor es geht und keiner kanns**

- **Der Auerhahn der Auerhahn der schaut mich ziemlich   sauer an ist mir Jacke wie Hose sprach Pierre der Franzose**

- Coca Cola hat Aroma bringt den Opa auf die Oma ist die Oma dann auf Zack beißt den Opa in den Sack

- Scheiß egal scheiß egal ob Du Huhn bist oder Hahn, wenn Du Huhn bist musst Du Eier legen können wenn Du Hahn bist musst Du Hühner poppen können . Scheiß egal scheiß egal ob Du Huhn bist oder Hahn. - by meinem Opa

- Es fraß ein Huhn man glaubt es kaum ein Blatt von einem Gummibaum Dann ging es in den Hühnerstall und legte einen Gummiball

- Supercalifragilisticexpialigocius even though the soud of it is something quite Atrocious if you say it loud enough it always sounds prococius supercalifragilisticexpialigocius

- I could have been a famous singer if i had someone elses voice But failures always soundet better lets fuck it up boys MAKE SOME NOISE

- Rettet den Wald esst mehr Bieber

- Brot für die Welt Pizza für mich

Bilder

Schon als Kleinkinder haben wir gern gemalt.

Ob wir mit Buntstift ein kleines krakeliges Haus mit Mutter Vater Kind gemalt haben oder ob wir im Alter weniger Lenzen unseren ersten Malkasten geschenkt bekommen haben, wobei wird nicht sicher waren, ob uns die Möglichkeit Bilder aus unseren Köpfen zu Papier zubringen oder der feine Geschmack der Königsblauen Wasserfarbe auf unserer Zunge mehr faszinierten, haben wir gerne und häufig auf die bildliche Ausdrucksweise zurückgegriffen.

Diese Passion begleitet viele nicht nur während der frühkindlichen kreativen Bastelstunden, sondern verfolgt und regelrecht vom Kunstunterricht in der Schule über das verhasste Weihnachtsgeschenk Staffelei der Eltern in der Hoffnung klein Chantall könnte neben vielerlei Klecksen und rechteckiger Flächen in diversen Farbausgstalltungen noch den einen oder anderen, Picasso und Miro wie Anfänger aussehen lassenden künstlerischen Erguss erzeugen, der Chantall und auch den hoffenden Eltern einen ruhigen Lebensabend finanzieren könnte bis hin zu den in Midlife crisis und

Wechseljahren häufig gewählten Toskana-Acrylfarbmalkursen.

Und auch vor Studenten macht dieses faszinierendes Hobby nicht halt.

Insbesondere während der häufig langweiligen und sich ziehenden Vorlesungen greift der drchschnittliche Student gehäuft zu Filzstift und beginnt sich auf der Holzunterlage vor seiner Nase zu verewigen.

Sicherlich bleibt es in den meißten Fällen bei Strichmännchen, oder sinnfrei dahingekritzelten Mosaikzeichnungen ohne inhaltlichen und kreativen Wert.

Wer allerdings die Augen offen hält und die eine oder andere Minute in eine Suche investiert, der findet auch. Und zwar von kleinen bemerkenswert Detailgetreuen Zeichnungen über Portraits bis hin zu großen Werken, die Michelangelo nachahmen, alle möglichen Variationen.

Da sich in der Universität mehr Studenten mit unterschiedlichen Interessen als Fische unterschiedlicher Farben im Meer tummeln, findet das geübte Auge also auch Darstellungen der Unterschiedlichsten Ideologien und Vorlieben de Künstler.

So sieht man nicht selten die kindlich klassischen Figuren von Walt Disney, teilweise perfekt kopiert, teilweise fast schon grotesk verzerrt. Auch gern und häufig gesehen sind Figuren aus der in Deutschland noch jungen aber rasend schnell wachsenden Manga Gemeinde, die den Studenten mit Ihren kugelrunden Augen und überdimensionalen sekundären Geschlechtsmerkmalen den Tag versüßen. Zum Großteil entstammen diese Zeichnungen den Federn von sehr akribisch arbeitenden Mangaisti, deren Tisch nicht zum ersten Mal ein ekstatisch verzerrtes Japanischen Schulmädchen abbildet.

Man findet allerdings ab und zu auch den ein oder anderen Möchtegernkünstler, der sein Werk gleich einer mir groben Konturen bestückten Dolly Parton, der man zwei übergroße Kastanien in die Gesichtsmitte mittels großen Druck an stelle Ihrer Augen implantiert hat.

Der weitaus größte Teil an Zeichnungen findet sich in einem eher ungewöhnlichen Bereich wieder. So findet man trotz einer Mehrzahl an farbenfroh gekleideten lebensbejahenden Studenten gehäuft Bilder aus der Gothik Szene, Die Zombies Monstren und Symbole darstellen, die allesamt vor Genauigkeit strotzen und einem jedem Iron Maiden Cover der 80 er Jahre zu bombastischem Erfolg verholfen hätten.

Alles in allem bietet die Universität in Bochum trotz eines Mangels an künstlerischen Studiengängen sehr viele kreative Köpfe Heimat die sich gern mal mit weniger mal mit mehr Erfolg bildlich verewigen.

Wir freuten uns während der durchlebten Vorlesungen über jede Ablenkung, sei es durch eine kleine schiefe Kritzelei, die ungewollt den Werken eines Miro oder Picasso auf Koks glich oder eine detailgetreue Abbildung eines mit sicheren Bleistiftstrichen gezeichneten Zombies den nicht einmal Stecknadelkopfgrosse Fliegen umschwirrten.

Diese kleinen Freuden können und wollen wir nicht für uns behalten, sondern sie der Öffentlichkeit zugängig machen.

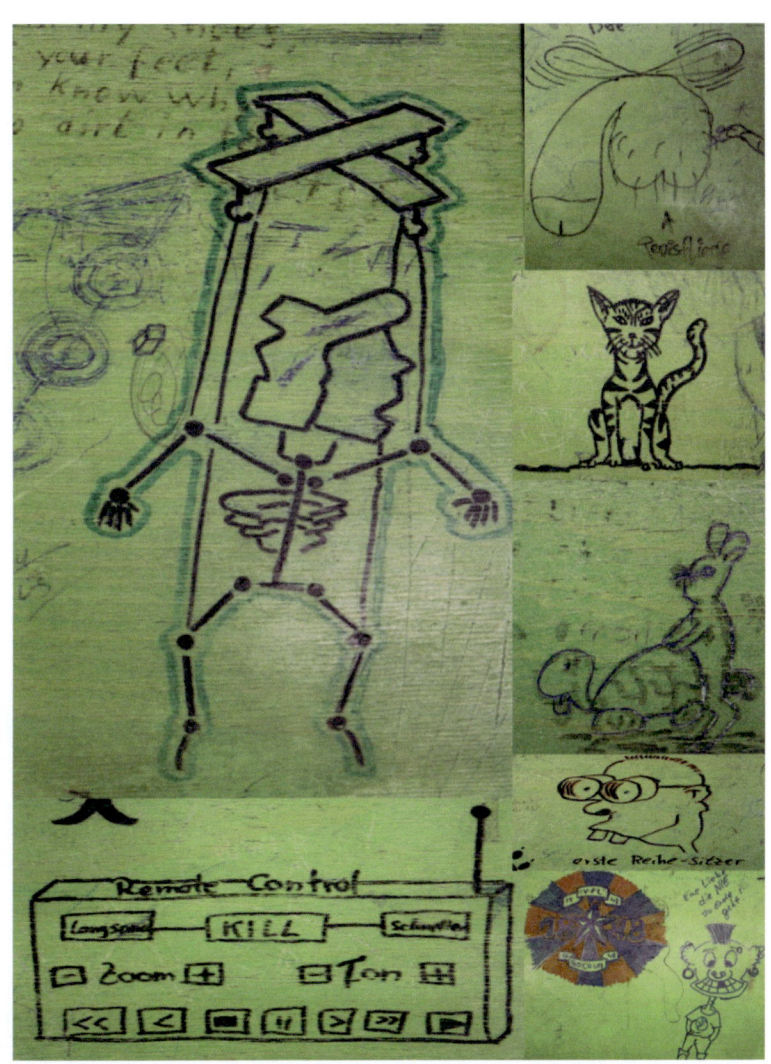

Fachchinesisch – die Neuerfindung des Esperanto

Studenten sind oftmals und zumindest über eine gewisse Zeit, in der die Begeisterung für das gewählte Fach noch heiß genug kocht, Fachidioten und Besserwisser.

Das eigene Fach ist das schwerste und anspruchvollste von allen und natürlich weiß man als Student schon alles aber wirklich alles im Bezug auf das Fach das natürlich auch für jede andere Person das wichtigste Thema des Lebens darstellt.

Da Außer von den jeweiligen Fachstudenten diese Meinung nicht unbedingt von vielen geteilt wird, muss der normale Student neben der üblichen Semesterwochenstunden noch etliche Stunden in Überzeugungsarbeit an Laien leisten.

Da jedes Fach seine eigene Fachtermini besitzt und der Student, als Fachidiot ,verlernt sich einfach und umschreibend auszudrücken, verfällt er immer wieder in diese für ihn wohlbekannte Ausdrucksweise. Da diese aber für Laien teilweise vollkommen unverständlich daherkommt, hat sich im Laufe der Zeit ein regelrechtes Fachchinesisch-normalausdrucksesperanto entwickelt, durch dass der Student versucht den weniger gebildeten seine Ideologie und sein Lebenswerk näher zubringen und verständlich zu machen.

Aus diesen Erklärungsversuchen hat sich also eine richtige kleine Sprachkultur entwickelt, die natürlich auch auf den Unitischen Einzug gehalten hat.

Hieraus haben sich diese kleinen Sprüche entwickelt, die zum Großteil für den normal sterblichen nicht verständlich sind. Daher haben wir eine kleine Auswahl bestimmt, die beide Seiten zum schmunzeln bringen sollte.

- Ich bin Maschienenbauerin, mein Titel ist Ingeneuse

- Deine Mutter hat fallende Grenzkosten

- Mit wachsender Vorlesungszeit (t) läuft meine Konzentration gegen 0 lim t → unendlich

- Das Wissen geht an mir vorbei es tangiert mich perifär

- Beleg mich, ich bin eine These

Nachwort

Die Idee zu diesem Buch ist uns während unseres gemeinsamen Studiums in Bochum gekommen. Es war für uns direkt klar, dass die Universität das Potential für eine medial Verwendung aufweißt. Da sie sich auf Grund der Betonbauweise bildlich nicht wirklich schon darstellen lässt und wir keine Photografieathleten sind, die so einen Klotz noch per Photoshop zum glänzen bringen können, mussten wir eine andere Art finden die Universität zu präsentieren.

Schon beim erste Besuch der Hörsäle, fällt die reichhaltige Bestückung der Tische ins Auge. Auf Grund mehrere Unaufmerksamer Vorlesungen, die auf die Bemalung und Beschriftung der Tische zurückzuführen sind, haben wir uns dafür entschieden, diese der Öffentlichkeit zugängig zu machen.

Nachdem diese Entscheidung gefasst war, verlief sie allerdings schnell im Sand und wurde erst ca 4 Jahre später wieder aktuell.

Als sich die Möglichkeit bot, für Privatpersonen ein Buch zu erstellen, haben wird daher direkt zugegriffen und erneut an die Arbeit gemacht.

Hier sollte ein Dank an die Pressestelle der Ruhr Universität gehen, die uns mehr als nur einmal eine Photografiergenehmigung ausgestellt haben.

Wir konnten natürlich nur einen geringen Teil aller Felder abernten und viele Sprüche, Gedichte und Zeichnungen nicht berücksichtigen. Wir denken aber eine recht ordentliche und amüsante Sammlung zusammen gestellt zu haben.

Noch ein Wort über die zukünftige Entwicklung. Während unserer Wartezeit sind zahllose Stilblüten und Meisterwerke durch übermalen oder Renovierungsarbeiten verloren gegangen. Solltet Ihr Leser noch neue oder alte Sprüche im Fundus haben, die ihr auf Unitischen gesehen habt, und in unserem Buch nicht wiedergefunden habt, liefert uns diese einfach nach.

Je nachdem wie die Resonanz auf dieses Buch ausfällt sind wir einem zweiten Teil nicht abgebeneigt.

Und noch ein Wort im Sinne der Universität. Dieses Buch sollte nicht als Aufforderung gelten die Tische der Universitaet zu beschmieren oder vollzukritzeln.

Vielmehr sollte es eine Alternative bieten. Der Universitaet entsehen durch die Beschmutzung der Tische hohe Kosten.

Bitte gebt Eure Ideen lieber an uns weiter und lest später lieber das Buch als die Tische.

Vielen Dank

Herstellung und Verlag:
Books on Demand GmbH, Norderstedt
ISBN 978-3-8370-9924-9